Eliana Marcello De Felice

O despertar para a vida

Gravidez e primeiro ano de vida

Volume 1

EDITORA
IDEIAS &
LETRAS

DIREÇÃO EDITORIAL:
Marcelo C. Araújo

COPIDESQUE:
Camila de Castro Sanches dos Santos

EDITOR:
Avelino Grassi

REVISÃO:
Leila Cristina Dinis Fernandes
Luana Aparecida Galvão

COORDENAÇÃO EDITORIAL:
Ana Lúcia de Castro Leite

PROJETO GRÁFICO:
Junior dos Santos

© Ideias & Letras, 2013

Rua Diana, 592, Conj. 121, 12º andar
Perdizes – São Paulo-SP
CEP 05019-000
Tel. (11) 3675-1319
vendas@ideiaseletras.com.br
www.ideiaseletras.com.br

Dados Internacionais de Catalogação na Publicação (CIP)
(Câmara Brasileira do Livro, SP, Brasil)

De Felice, Eliana Marcello
O despertar para a vida: gravidez e primeiro ano de vida / Eliana Marcello De Felice. - São Paulo: Ideias & Letras, 2013. - (Coleção O mundo psicológico de seu filho; 1)

ISBN 978-85-65893-36-7

1. Bebês - Psicologia 2. Maternidade 3. Pais e filhos 4. Psicologia do desenvolvimento I. Título. II. Série.

13-04884   CDD-155

Índices para catálogo sistemático:

1. Filhos e pais: Relacionamento: Psicologia do desenvolvimento 155
2. Pais e filhos: Relacionamento: Psicologia do desenvolvimento 155

Sumário

Introdução 5

Gravidez 9

    A notícia da gravidez 11

    Os sentimentos do casal 13

    As mudanças na gestante 18

    O bebê no útero materno 21

O bebê de 0 a 3 meses 23

    O parto e o período na maternidade 25

    A chegada em casa 28

    Os sentimentos das mães de bebês recém-nascidos 30

    Amamentando o bebê 33

    Choro 36

    Cólicas 38

    Sono 39

O despertar para a vida – Gravidez e primeiro ano de vida

As necessidades dos bebês recém-nascidos 40

O pai e os outros familiares 44

O bebê de 4 a 12 meses 49

A relação com a mãe 51

Quando a mãe volta a trabalhar 52

Brincadeiras 56

Progressos no desenvolvimento físico, motor e intelectual 58

Linguagem 61

Dentição 63

A chupeta e o dedo 64

Sono 65

O pai 67

A hora de desmamar 68

Introdução

Os livros desta coleção dirigem-se aos pais. Pais que esperam seu filho nascer e pais de crianças e adolescentes. Pais que desejam conhecer mais profundamente o mundo psicológico de seus filhos para acompanhá-los em suas diferentes etapas do crescimento.

O convívio diário familiar é repleto de alegrias e novas descobertas que os filhos proporcionam aos pais. Mas é também palco de conflitos e dificuldades que surgem naturalmente em qualquer ambiente familiar. Não são poucas as situações que provocam nos pais sensações de perplexidade, angústia e muitas dúvidas diante dos comportamentos e das reações dos filhos. Muitas vezes, os pais gostariam de conhecê-los melhor, de compreender o que eles vivenciam e saber por que reagem e se comportam dessa ou daquela maneira. Gostariam de acompanhar mais de perto as experiências de vida dos filhos, mas nem sempre conseguem entendê-los e colocar-se no lugar deles. Gostariam de poder ajudá-los nos períodos de tormentas e dificuldades que encontram em seu crescimento, mas não sabem como fazê-lo. Ou ainda gostariam de entender por que a fase específica em que os filhos se encontram afeta tanto a eles próprios, fazendo com que se sintam incapazes de lidar melhor com as situações que se apresentam.

O despertar para a vida – Gravidez e primeiro ano de vida

Por meio destes livros, desejo prestar alguma ajuda aos pais nessa tentativa de compreenderem melhor seus filhos. Sabemos que essa compreensão favorece a aproximação entre pais e filhos e contribui de forma muito positiva para as relações entre eles. Com esse objetivo em mente, procurei levar aos pais um pouco dos conhecimentos que pude adquirir em mais de 30 anos de experiência como psicóloga clínica de crianças e adolescentes.

O primeiro volume refere-se ao período da gravidez e primeiro ano de vida. Para favorecer a vinda do bebê ao mundo em condições psicológicas satisfatórias, é preciso cuidar da saúde emocional da gestante e do pai do bebê. Sendo assim, é também deles que o livro trata, abordando as experiências emocionais mais comuns vividas pelos pais nesse período em que aguardam pelo nascimento de seu filho. O primeiro ano de vida, tão fundamental para a formação dos vínculos mãe-bebê e pai-bebê, é descrito considerando-se as primeiras experiências do bebê no mundo e seu desenvolvimento ao longo desse período.

O segundo volume trata do mundo psicológico da criança de 1 a 5 anos. É uma etapa em que os vínculos familiares têm importância central para a estruturação da vida emocional da criança e na qual ela vive experiências marcantes em seu desenvolvimento. Retirar as fraldas, ganhar um irmão e entrar na escola são algumas das experiências de que o livro trata.

O terceiro volume dirige-se aos pais de crianças de 6 a 12 anos, isto é, até o momento que antecede o início da puberdade. Essa é uma fase de grandes mudanças na vida da

Introdução

criança e em suas relações com o mundo e a família. O livro procura abordar as questões mais importantes e significativas que fazem parte dessa etapa da vida infantil.

O quarto volume trata da puberdade e adolescência. Nessa fase de grandes transformações no comportamento, nas vivências e necessidades dos filhos, os pais desejam entendê-los melhor, a fim de saber como lidar com eles e contribuir positivamente para sua evolução em direção à fase adulta. O livro trata das principais situações que fazem parte dessa fase, incluindo as conquistas, necessidades, angústias e rebeldias que acompanham o processo de "adolescer".

Atualmente a psicologia já faz parte da vida das pessoas, sendo reconhecida como uma ciência preocupada com o bem-estar e a saúde mental do homem e que ajudou a desvendar a importância da infância e adolescência no desenvolvimento do indivíduo. É dessas fases da vida que dependem, em grande parte, a saúde mental do ser humano e a possibilidade de preparar um caminho benéfico para se chegar à vida adulta. Esta coleção pretende ajudar os pais a facilitar e promover um crescimento saudável pela jornada do viver de seus filhos. Espero que o leitor possa ver realizada essa intenção.

Eliana Marcello De Felice

Gravidez

Aqui você pode registrar um momento especial de sua gravidez colando uma foto.

A notícia da gravidez

Quando uma mulher descobre que está grávida, passa por uma espécie de "turbulência emocional" dentro de si. Ela sabe que algo muito importante aconteceu, que vai mudar muita coisa em sua vida e que ela também vai mudar. Quando a gravidez é do primeiro filho, essas sensações são ainda mais fortes, porque o fato é para a mulher uma novidade, algo que ela ainda não conhecia. A gestante vai ganhar um novo papel, o de mãe, sendo que a maternidade só era observada nas outras mulheres, e ela nunca havia experimentado em si mesma. A mulher surpreende-se ao ver confirmada em si uma potência e uma capacidade que ela ainda não havia testado, a de gerar uma criança em seu próprio corpo.

Mas mesmo quando a mulher já tem outros filhos, uma nova gravidez tem sempre um impacto para ela, que pode ser maior ou menor, mais forte ou mais fraco, mas que sempre existe. Sua família vai aumentar, ela terá um novo filho para cuidar, viverá novas alegrias, mas também novas preocupações.

O pai também fica muito "tocado" interiormente com o fato de saber que, dentro de aproximadamente nove meses, verá seu filho nascer. Ele pode sentir muita alegria misturada com uma sensação de responsabilidade que pode gerar nele certo temor.

A gravidez representa um fato carregado de grande valor emocional para toda pessoa. No entanto, os sentimentos de cada um são muito particulares, dependendo de diversos fatores, como, por exemplo, o fato de ser ou não uma gravidez planejada, do momento na vida em que ela acontece, da relação entre o casal e do que eles planejam para o futuro.

O despertar para a vida – Gravidez e primeiro ano de vida

Por isso, existem mães e pais que ficam completamente maravilhados diante da nova gravidez, outros ficam assustados e nervosos, e alguns, deprimidos e muito inseguros. Não existe um padrão esperado, pois no mundo das emoções humanas não existe uniformidade e padronização. É importante que cada um respeite seus próprios sentimentos e reações diante das situações vividas.

Quando a gravidez é planejada, são mais comuns os sentimentos de alegria e satisfação diante de sua confirmação. Os pais já vinham preparando-se para esse momento e a ideia de ter um bebê fazia parte de suas expectativas e desejos. Ou seja, já havia um "espaço" em suas mentes e em suas vidas preparado para receber um filho.

Já a gravidez não planejada pode provocar um susto no casal e a assimilação da ideia de ter um filho será mais gradual, podendo levar tempo até que o "espaço" na mente e na vida dos pais seja aberto para um filho. Isso, na maioria das vezes, acabará acontecendo, basta ter paciência para aguardar o "tempo interno" de que cada um necessita para se adaptar às novas situações apresentadas pela vida.

É preciso levar em conta que diversas circunstâncias externas influenciam a maneira como a notícia de uma gravidez é recebida, principalmente as que dizem respeito às relações entre o casal. Por exemplo, o impacto causado por uma gravidez não planejada, para um casal que possui uma relação estável e mais duradoura, será diferente daquele que sobrevém quando se trata de um casal que vive um namoro iniciado recentemente.

Sabemos que nem sempre a gravidez ocorre em condições ideais. Os pais podem estar atravessando uma crise financeira, um deles pode estar deprimido, o casal pode estar

Gravidez

vivendo um período mais conturbado em suas relações... São muitas as dificuldades que podem envolver o casal no momento em que uma gravidez acontece. Pai e mãe vão contar com seus próprios recursos emocionais, aliados ao apoio um do outro e de outras pessoas próximas, para tentar enfrentar as circunstâncias desfavoráveis e, quem sabe, dar lugar ao prazer pela gravidez e à alegria de saber que em breve seu filho virá ao mundo.

Os sentimentos do casal

Nos períodos iniciais da gestação, os pais podem viver muitos sentimentos contraditórios com relação à gravidez, que tanto podem aparecer na mãe, como no pai, ou em ambos. Isso é bastante comum e é chamado de "ambivalência emocional", em que a alegria pela perspectiva da chegada de um filho é acompanhada por angústia, apreensão e por vezes até rejeição ao bebê. Os pais podem sentir culpa ao perceber em si esses sentimentos, desconhecendo o fato de que são bastante comuns e esperados.

A chegada de um filho provoca alteração na vida familiar e na de cada um dos pais, sendo muitas vezes necessário um tempo até que possam adaptar-se à novidade. Principalmente se a gravidez não foi planejada e não existia a intenção, pelo menos consciente, de ter um filho naquele momento, o fato pode provocar angústia, medo do futuro, temor de não dar conta do acúmulo de tarefas que estão por vir, sensação de peso diante da responsabilidade, entre outros sentimentos.

O despertar para a vida – Gravidez e primeiro ano de vida

Geralmente, as angústias dos pais vão amenizando-se no decorrer da gestação e eles passam a sentir bastante gratificação com a perspectiva da chegada de um bebê na família. Às vezes isso pode demorar mais para acontecer e as angústias persistirem por um tempo maior, gerando certa dose de sofrimento para os pais, até que todo turbilhão emocional provocado pelo fato se acalme.

Existem, entretanto, casos em que as angústias dos pais, ou de um deles, permanecem durante toda a gravidez, tornando esse período muito tenso e difícil para o casal. Provavelmente, a gravidez gerou muitos conflitos para esses pais, ou para um deles, criando uma situação de crise emocional difícil de ser superada. Nesses casos, é interessante que os pais busquem ajuda, seja do médico da família ou de um profissional especializado, para minimizar o sofrimento que estão vivendo e para preparar-se psicologicamente para receber o filho em uma situação emocional mais tranquila e favorável.

Cada gravidez possui, portanto, significados emocionais e conotações afetivas diferentes para cada pessoa. Além do mais, cada gravidez é diferente de outra, para o mesmo casal. A primeira gestação pode ser mais conflituosa e a seguinte bastante tranquila e reconfortante, compensando até certo ponto as angústias experimentadas na primeira vez. A vida não é estática e cada momento possui características peculiares que tingem as experiências de diferentes coloridos afetivos.

Seja como for, a gravidez será sempre um marco na vida de qualquer pessoa. Saber que uma nova vida está sendo gerada, que em breve se terá um bebê nos braços, que um novo ser fará parte da família, tudo isso tem um impacto muito grande no mundo emocional dos pais. Eles terão muitos sonhos com o bebê que estão esperando, imaginarão muitas coisas sobre ele que refletirão os anseios, as expectativas e os temores que trazem em si.

Muitas vezes o bebê poderá ser imaginado como uma criança linda e saudável, que terá todas as características que os pais valorizam, como ser inteligente, linda, esperta, a criança mais maravilhosa de todas. Em outras ocasiões os pais poderão nutrir medos de terem um filho doente ou com alguma deficiência. Essas são ideias imaginárias, "fantasias" que não se baseiam na realidade dos fatos. Elas são dependentes de cada momento, no qual predomina determinado estado de espírito na mente dos pais, ora mais otimista e alegre, ora mais pessimista e angustiante. São dependentes também de como eles estão vivendo a chegada de um bebê na família e do quanto estão se permitindo usufruir do prazer de viver essa experiência.

Para alguns casais, a gravidez pode provocar alguns reflexos na vida a dois, entre eles as mudanças na vida sexual. São muito comuns as queixas, seja da mulher, seja do homem, de que o parceiro apresenta uma diminuição do desejo sexual nesse período. Geralmente, essas reações são passageiras e desaparecem logo após o parto, indicando que se relacionam com as vivências e os sentimentos, nem sempre conscientes, ligados à gestação da mulher. Pode ser que o casal, ou um de seus membros, esteja encontrando dificuldades para conciliar, em sua mente, o estado de gravidez da mulher e a sexualidade.

Por exemplo, o homem pode sentir-se em conflito sobre o fato de ter desejos sexuais pela mulher que espera um filho dele. Ou a mulher pode sentir que, devido às transformações em seu corpo geradas pela gravidez, ela perdeu sua beleza e sensualidade. Outras mulheres podem sentir-se mais "mães" do que mulheres e esposas nesse período, afastando-se um pouco do companheiro. Como consequência desses conflitos, uma inibição do desejo sexual pode ocorrer na gestação.

Não existe um modo "certo" de viver a gestação, nem uma forma que seja única para todos. Cada pessoa sente coisas diferentes e se comporta a seu modo diante dessa experiência. Cada um de nós tem sua própria história de vida e isso certamente influencia o modo como vivemos a perspectiva da chegada de um filho. A forma como fomos criados, a relação que tivemos com nossos próprios pais, a maneira como nos sentimos enquanto filhos, a imagem de pai e mãe que formamos, tudo isso vai afetar de diversos modos nossas vivências de maternidade e paternidade.

Por exemplo, a gestante pode ter vivido uma relação difícil e cheia de conflitos com sua mãe, sentindo que esta não foi tão boa para ela. Durante sua gravidez esses conflitos podem aflorar, sem que a gestante se dê conta deles de modo consciente, provocando nela uma sensação de que não conseguirá ser uma boa mãe, assim como sua mãe não foi. Ou ainda ela pode imaginar que, por não ter se sentido uma boa filha, ela não merece ter um bebê saudável e normal. Durante algum tempo, essas dúvidas podem trazer-lhe algumas ansiedades e inseguranças.

Gravidez

Outro exemplo é o de um jovem cuja esposa estava grávida do segundo filho do casal. Esse jovem era o primogênito em sua família e quando pequeno se sentiu muito enciumado quando sua mãe engravidou de seu irmão menor. Durante a gestação de sua mulher, ele passou a se identificar com seu primeiro filho, imaginando que este sentiria muito ciúme do irmãozinho quando nascesse. Como resultado, começou a perceber em si, em alguns momentos, uma rejeição ao filho que estava sendo gerado. Por não conseguir se dar conta da origem dessa rejeição, esse pai culpava-se por seus sentimentos.

A falta de modelos satisfatórios de pai e de mãe também pode gerar muitas inseguranças no casal. Por exemplo, um homem pode ter tido um pai pouco presente em sua vida e por isso ele pode ter muitas dúvidas sobre como é ser pai, e se ele será capaz de exercer com competência esse papel.

Fatos assim nos mostram que as experiências vividas com os próprios pais são de certa forma "resgatadas" quando uma pessoa se encontra diante da circunstância de se tornar pai ou mãe. Ela se comparará com os pais, eles serão seus modelos, tanto em suas características positivas quanto negativas. Em alguns aspectos desejará imitá-los, em outros desejará ser muito diferente. De qualquer modo, eles estarão ali, na mente de cada um, servindo como referências.

O despertar para a vida — Gravidez e primeiro ano de vida

As mudanças na gestante

A gravidez consiste em uma etapa de muitas mudanças, tanto físicas como psicológicas, para a mulher. Em um período de aproximadamente 40 semanas, seu organismo sofre diversas transformações para ser capaz de abrigar um feto e facilitar seu crescimento dentro do útero. E o mundo emocional da mulher também é afetado pela experiência de estar gerando um filho e pelas expectativas de mudanças em sua vida.

A mulher passa a apresentar uma série de sintomas que fazem parte de um processo normal de gravidez. No início, ela se sente muito sonolenta e pode sofrer náuseas e enjoos. Esses sintomas físicos também sofrem a influência de fatores psicológicos, pois a ansiedade e o estresse podem provocar um aumento em sua intensidade.

Posteriormente esses sintomas tendem a desaparecer, dando lugar, a partir do quarto ou quinto mês de gravidez, a um período mais estável, no qual a mulher começa a perceber os movimentos do bebê em seu útero e as mudanças em seu corpo, cada vez mais visíveis, como o crescimento do ventre e os seios mais intumescidos. A gravidez agora lhe parece mais real.

No final da gestação, outros sintomas podem surgir, como inchaço das pernas e dos pés e maior cansaço. Nessa época, a gestante pode começar a sentir algumas ansiedades com relação ao parto e à vida depois do nascimento do bebê, sofrendo dificuldades de sono ou algum outro pequeno distúrbio. Ela pode ter sonhos com o parto, alguns assustadores, revelando seus temores e ideias fantasiosas com relação a esse acontecimento que se aproxima.

Gravidez

Algumas mulheres sentem-se muito bonitas durante a gravidez, enquanto outras sofrem bastante com as mudanças que ocorrem em seu corpo. Sentem-se "feias", desengonçadas e temem nunca mais voltar a ter um corpo bonito e atraente. Tudo isso faz parte das angústias da gestante por sentir tantas mudanças que ocorrem nesse período de nove meses. É como se ela concentrasse essas angústias nas preocupações com seu próprio corpo. Mas a gestante precisa de tempo para se adaptar às mudanças e confiar que saberá administrá-las gradualmente. O ser humano tem grande capacidade de adaptação a novas situações, é preciso dar-lhe tempo para que isso ocorra naturalmente.

As mudanças que ocorrem no estado emocional da gestante consistem geralmente em ficar mais sensível, emotiva, e às vezes solicitar mais atenção do companheiro e de outros familiares. São mudanças naturais e passageiras, que fazem parte de um processo psicológico de "identificação" com o bebê, o que leva a gestante a se sentir, em alguns momentos, desamparada, insegura, com desejos de ser cuidada e protegida.

A gestante também pode voltar-se mais para si mesma e para o bebê que carrega dentro de si, desligando-se um pouco das pessoas a seu redor. Suas preocupações passam a se dirigir mais para ela e para o bebê, ficando mais interessada em cuidar de sua saúde, em planejar o quarto do bebê, as roupinhas que vai comprar etc. O companheiro pode ficar um pouco ressentido com esse retraimento da mulher, temendo ficar mais excluído quando o bebê nascer, principalmente quando se trata do primeiro filho e ele e a mulher possuem uma ligação muito próxima.

O despertar para a vida – Gravidez e primeiro ano de vida

Mas é sempre bom quando o companheiro da gestante consegue compreender as mudanças que percebe no estado emocional da mulher. O retraimento, a maior sensibilidade e emotividade, levando a gestante a chorar por qualquer motivo algumas vezes, são algumas das reações normais e passageiras. Essa compreensão do companheiro é de grande auxílio para a gestante.

O afeto e apoio do companheiro ajudam muito para que a gestação se desenvolva de modo psicologicamente saudável. Sentindo-se amparada e apoiada pelo companheiro, a mulher pode preparar-se durante sua gravidez para receber o filho com mais tranquilidade e bem-estar, podendo contar com o pai de seu bebê como uma importante fonte de segurança emocional.

Sabemos que começar bem, com uma gravidez saudável, física e psicologicamente, trará grande benefício para as etapas que virão depois. Cabe lembrar, porém, que gravidez psicologicamente saudável não implica em ausência de conflitos e angústias. Estes surgem inevitavelmente, pois fazem parte de toda experiência humana. O importante é poder percebê-los, na medida do possível.

Às vezes, por não poder dar-se conta mais claramente dos próprios conflitos com relação à gestação, a mulher pode ficar mais vulnerável à ocorrência de sintomas psicossomáticos, tão comuns na gravidez, como resfriados constantes, gripes fortes, cólicas e dores, entre outros. Portanto, a autopercepção é uma boa ajuda que a gestante presta a si mesma, favorecendo a maior aceitação e compreensão de suas vivências emocionais humanas e naturais.

Gravidez

O bebê no útero materno

Enquanto passa nove meses no útero materno, o bebê vai crescendo e tornando-se uma pessoa. Sabe-se atualmente que a vida emocional do bebê não se inicia apenas depois de seu nascimento, mas começa antes disso.

Conforme o desenvolvimento neuromotor vai avançando durante a gestação, o bebê vai tornando-se mais sensível aos acontecimentos a seu redor. Ele passa a reagir aos estímulos e a ser capaz de ouvir sons, tanto internos, do corpo da mãe, quanto externos, do mundo fora do útero.

Sabendo que seu bebê é sensível ao que ocorre em volta de si, muitas mães procuram manter, na medida do possível, uma vida mais calma e menos agitada durante a gravidez. Tentam também se alimentar de forma saudável, fazer exercícios físicos e se ocupar com coisas que lhes dão prazer. Ao tentar cuidar de si mesma para sentir-se bem, física e psicologicamente, a mãe sabe que está cuidando de seu bebê, que está abrigado em seu útero e que depende totalmente dela para viver em boas condições.

Muitas gestantes ficam preocupadas em saber se seu bebê é afetado por seus estados emocionais e se isso pode prejudicá-lo. Algumas mães sentem-se muito nervosas, tensas ou deprimidas durante a gravidez e temem que sua condição psicológica afete negativamente seu bebê.

O despertar para a vida – Gravidez e primeiro ano de vida

O estado emocional da gestante deve ser sempre alvo de cuidados, pois se sabe que a tranquilidade e o bem-estar da mulher na gestação são muito benéficos para ela e para o bebê. Alguns estudos sugeriram que o estado de estresse da gestante pode provocar a liberação de substâncias químicas na corrente sanguínea que provavelmente afetam o bebê.

Porém, é importante que a gestante não se sinta excessivamente alarmada quanto a isso. É preciso lembrar que o bebê dentro do útero encontra-se em uma condição de grande proteção e segurança, e a mãe não deve pensar que toda vez que se sentir nervosa ou angustiada estará provocando algum tipo de dano a seu bebê. Essas preocupações, quando excessivas, podem gerar na mãe sentimentos de culpa por seu bebê, antes mesmo de ele nascer, podendo prejudicar a relação entre ela e o filho após o nascimento. Vale também lembrar que mãe e filho terão toda a vida pela frente para juntos viverem diversas experiências que, certamente, marcarão de muitas formas positivas o mundo emocional do filho.

O bebê de 0 a 3 meses

Registre aqui um momento especial dos primeiros meses de vida de seu bebê colando uma foto.

O parto e o período na maternidade

São intensas as emoções dos pais ao viverem o nascimento de seu filho! O parto, seja ele normal ou cesárea, consiste em um marco, que converte uma experiência de gravidez em outra de ter um bebê presente e real. O parto pode até ser vivido por algumas mulheres com uma leve sensação de pesar, em que ela sente que perdeu seu "bebê dentro do útero" e seu estado de gravidez, que pode ter sido para ela muito gratificante.

Muitas vezes, o pai acompanha a mãe durante o parto. Isso depende da escolha do casal e das normas de cada maternidade, mas quando o pai permanece junto à gestante na sala de parto, essa experiência costuma ser muito gratificante para eles. A mãe sente-se amparada pelo companheiro e este pode compartilhar com ela o prazer de ver seu filho nascer. São momentos que eles certamente guardarão para sempre em suas lembranças!

Os primeiros contatos com o bebê são muito marcantes, onde os pais podem finalmente ver o tão sonhado filho e perceber que tudo o que eles temiam não se concretizou. Podem certificar-se de que o filho nasceu bem, é normal e não possui nenhuma deficiência, ao contrário do que supunham em suas ideias imaginárias mais assustadoras.

Quando o filho nasce com algum problema, os pais se veem com a difícil tarefa emocional de lidar com a situação e o pesar que ela causa, até que possam, aos poucos, assimilar o fato e encontrar as melhores maneiras de se adaptar a ele. O tempo ajuda, aliado ao contato cada vez mais próximo com o filho e ao conhecimento que os pais vão obtendo sobre suas dificuldades e sobre formas de lidar com elas.

O despertar para a vida – Gravidez e primeiro ano de vida

É durante o período na maternidade que pais e bebê começam a se conhecer. É muito bom quando o bebê pode ficar no quarto com a mãe, pois ela tem mais oportunidades de sentir como é seu filho e eles já podem começar a se adaptar um ao outro. Já na maternidade a mãe pode iniciar as aprendizagens de cuidados ao bebê, ajudada pelas enfermeiras, o que é muito útil quando se trata do primeiro filho.

Se o bebê fica no quarto com a mãe, existe também a vantagem de que eles não precisam ficar presos aos horários para as mamadas estabelecidos pelo hospital, e assim a amamentação pode ficar mais livre e funcionar de acordo com as necessidades e o ritmo do bebê, que a mãe vai podendo conhecer.

No início, a mãe pode ficar mais ansiosa e preocupada com a amamentação, principalmente quando é seu primeiro bebê. Ela pode temer não conseguir amamentar ou ter muito medo de que seus seios fiquem rachados e doloridos. Esse período inicial de amamentação requer calma e paciência, pois costuma levar certo tempo até que a mãe e o bebê se "ajustem" um ao outro e a amamentação se torne uma rotina tranquila na vida de ambos. Os seios rachados são comuns nos primeiros dias, mas a mãe pode minimizar as dores com protetores especiais para isso. De todo modo, é importante lembrar que as rachaduras vão cicatrizando e que um pouco de insistência acabará conduzindo a um período em que a amamentação se torna uma atividade gratificante e livre de estresses.

Uma situação geradora de grande angústia para os pais é quando seu bebê nasce prematuramente. Nesses casos, os pais ficam apreensivos pela saúde do

filho, além de perdidos e frustrados por se confrontarem com condições tão diferentes daquelas com que sonharam. Imaginavam que o filho nasceria "gordinho e fofo", ficaria no berçário ou no quarto com a mãe, que poderia proporcionar-lhe todo amor e dedicação e que, após poucos dias, seria levado para casa nos braços dos pais.

E a realidade com que se deparam é a de um bebê pequenino e magrinho, que necessita de muitos cuidados médicos, e que precisa permanecer mais tempo no hospital. Os pais ficam preocupados e sentem-se "impotentes" diante da condição de fragilidade de seu bebê, somando-se a compaixão pelo filho tão pequeno e tendo de passar por tantos procedimentos médicos!

Hoje a assistência aos bebês prematuros envolve a importante participação da mãe nos cuidados ao filho. Utiliza-se na maioria das maternidades o "método canguru", em que os bebês permanecem o maior tempo possível em contato com a pele da mãe, abrigados em seu colo. Isso os acalma e serve como um alívio para suas dores e ansiedades. Acomodados no peito da mãe, os bebês podem sentir o calor de seu corpo e ouvir as batidas de seu coração, aproximando-os assim da situação intrauterina, da qual eles saíram de forma abrupta e antecipada.

Também as mães, quando ganham um bebê, sentem a necessidade de ficar com seu filho, abrigá-lo em seu colo e oferecer-lhe amor e proteção. Qualquer que seja a condição do bebê ao nascer, tanto ele como a mãe necessitam de um contato próximo, corpo a corpo, favorecendo o apego que existe naturalmente entre eles e aliviando o trauma pela separação provocado pelo nascimento. O amor que o bebê recebe da mãe desde que nasce é o melhor antídoto para dores, sofrimentos e angústias que acompanham o processo de vir ao mundo.

A chegada em casa

A chegada em casa com o bebê costuma deixar os pais assustados e por vezes muito inseguros diante das tarefas com que se defrontam, principalmente quando se trata do primeiro filho. Ter de cuidar de um bebê, amamentar, banhar, acalmar quando chora, requer grande envolvimento dos pais, gerando muitas vezes o temor de não conseguir dar conta de tudo o que lhes é apresentado repentinamente e de uma só vez! Somando-se a isso, as noites maldormidas, as angústias diante do choro do bebê, a sensação de que a tranquilidade acabou e de que a vida nunca mais será a mesma... Porém, é importante lembrar que essa é uma fase passageira, que permanece somente enquanto os pais estão adaptando-se à nova situação.

Algumas mães de primeiro filho sentem-se desde o começo mais seguras e confiantes para cuidarem de seu bebê, precisando de pouca ajuda externa. Outras mães podem ficar mais amedrontadas diante das novas responsabilidades, sentindo-se mais inseguras para assumir seu novo papel. O tempo ajudará, juntamente com a verificação de que ela é capaz e de que o filho está bem. Os sentimentos de confiança como pais são geralmente alcançados aos poucos. Quando se trata do segundo ou terceiro filho, ou quando os pais já tiveram a experiência de cuidar de um irmão menor, as inseguranças tendem a ser menores. Mas seja como for, é sempre algo novo, um novo membro que é incluído na família e na rotina diária de todos e que vai requerer grande dedicação dos pais, principalmente no início.

Como tudo que é novo exige adaptação e um tempo até que tudo se harmonize. Certo "desequilíbrio" natural, nem sempre percebido diretamente, é causado pela chegada de um bebê em casa. A estrutura familiar existente até então se modifica e os pais, junto com os outros filhos, quando já existem, precisam adaptar-se aos poucos a essa transformação.

A mãe de um bebezinho recém-nascido contou que ela e o marido ficaram "quase loucos" logo após sua volta da maternidade. Eles tinham de cuidar do bebê, dar atenção ao outro filho de 2 anos, que ficou muito enciumado com a chegada do irmãozinho, fazer as tarefas domésticas, o pai tinha de conciliar a ajuda à esposa com seu trabalho... Esse período inicial não costuma ser fácil para os pais e eles podem sentir-se angustiados por algum tempo, até que tudo se equilibre novamente.

Alguns pais sentem muito prazer com as visitas dos amigos e familiares nesse período. Alegram-se com a oportunidade de mostrar seu bebê às pessoas conhecidas, o que lhes dá um forte sentimento de orgulho. Outros pais, porém, ficam muito angustiados, sentindo que as visitas causam certo tumulto e os atrapalham nesse período em que estão adaptando-se ao bebê e à nova rotina. É importante que os pais respeitem suas próprias necessidades e que quando as visitas se tornarem para eles um motivo de angústia, sintam-se livres para solicitar, pelo menos aos amigos e familiares mais chegados, que esperem um pouco mais para conhecerem o bebê, até que passe esse momento inicial mais "turbulento".

Os sentimentos das mães de bebês recém-nascidos

O período após o parto é uma etapa muito especial na vida da mulher. Ela tem um bebê recém-nascido para cuidar, um ser que depende totalmente dela, o que pode provocar-lhe uma mistura de sentimentos. A mãe pode sentir grande alegria por se ver tão necessária para alguém, pela felicidade de ter um filho nos braços e poder dedicar-se intensamente a ele. Ao mesmo tempo, pode sentir o peso da responsabilidade que tem agora nas mãos e alguns temores de não conseguir desempenhar bem seu novo papel. Essa é uma insegurança comum entre as mães, principalmente quando é seu primeiro filho.

Muitas mães criam a ideia de que não conseguirão ser "boas mães", capazes de cuidar bem do bebê e fazer com que ele se desenvolva com saúde. Algumas temem não ter bastante leite para alimentar o filho, outras pensam que não conseguirão mantê-lo com segurança no banho, além de outras ideias que expressam suas inseguranças. Porém, assim que a mãe percebe que está conseguindo cuidar bem do filho e que

O bebê de 0 a 3 meses

ela está aprendendo aos poucos a manejar as dificuldades que encontra, suas inseguranças vão diminuindo e sentimentos de autoconfiança vão sendo construídos.

A mãe pode perceber em si uma grande "ambivalência" nos primeiros meses de vida do bebê. Isto é, ao mesmo tempo em que ela se sente feliz e realizada por ser mãe, pode às vezes pensar que gostaria que o tempo voltasse para trás e a levasse de volta para o período em que seu bebê ainda não existia. Não há por que a mãe se sentir culpada por esses sentimentos, eles são humanos e naturais. Alegrias e angústias fazem parte das experiências emocionais de toda mãe.

Algumas mães podem apresentar, no período após o parto, um estado depressivo, que pode variar muito em intensidade. Uma leve depressão é bastante comum, em que a mãe se sente triste, desanimada e angustiada. Essa depressão recebeu o nome de *blues*, ou "tristeza pós-parto", sendo relatada por muitas mulheres após o parto de seus bebês. Ela tem geralmente uma curta duração, persistindo somente enquanto a mãe está adaptando-se à nova rotina e às mudanças que um bebê traz em sua vida. Um pouco de tempo, de paciência e o apoio dos familiares são os ingredientes necessários para que essa leve depressão da mãe desapareça em apenas duas ou três semanas.

Aquelas mães, no entanto, que apresentam uma depressão mais intensa e duradoura, que ultrapassa um ou dois meses, devem procurar a ajuda de um profissional. O período após o parto é uma etapa delicada, no qual a mulher pode ficar mais vulnerável à ocorrência de algum tipo de transtorno emocional, sendo importante que qualquer distúrbio mais sério nesse período seja tratado, a fim de não prejudicar nem a mãe, nem o bebê.

O despertar para a vida – Gravidez e primeiro ano de vida

É importante saber que as mães de recém-nascidos costumam apresentar uma sensibilidade aumentada, o que não deve ser confundido com depressão. Ela pode, por exemplo, chorar com facilidade ou se emocionar diante de qualquer estímulo, como, por exemplo, uma propaganda em que aparecem crianças brincando! Esse estado sensível da mãe é esperado e até mesmo desejável. Ele indica que a mãe está emocionalmente preparada para se "afinar" com seu bebê, para formar com ele um estreito laço, em que ela vai perceber melhor as necessidades de seu filho. Esse estado da mãe faz com que ela naturalmente fique muito ligada nele, até deixando de lado, por algum tempo, outros interesses de sua vida, como trabalho ou lazer.

O bebê vai ser muito beneficiado com esse estado da mãe, porque ele vai contar com uma pessoa presente, sensível e atenta ao que ele necessita. Essa condição psicológica da mãe a ajuda a ir decifrando, aos poucos, as comunicações que seu bebê lhe faz, seja através do choro, ou dos movimentos corporais, muitas vezes conseguindo até identificar quando ele quer mamar, ou quando está com cólicas, ou com frio...

Mas isso não quer dizer que as mães sejam perfeitas. Existirão muitos momentos em que elas não saberão compreender o que seu bebê tem, do que ele necessita ou o que o está incomodando. Além disso, muitas vezes perderão a paciência com o bebê e se sentirão muito irritadas com ele. Esses sentimentos não anulam seu amor pelo filho e convivem lado a lado com ele. São sentimentos próprios da natureza humana.

Amamentando o bebê

A amamentação é uma das principais tarefas da mãe nos primeiros tempos de vida de seu bebê. Através da amamentação a mãe sente que doa ao filho não apenas seu leite, mas também seu amor, dedicação e amparo.

Amamentar o filho provoca, na maioria das mulheres, sentimentos de prazer e satisfação. Ao lado disso, no entanto, existem as dificuldades e os dissabores, inevitáveis na maioria das vezes. Amamentar um bebê consome grande parte do dia da mulher, o que exige bastante dela. Também podem surgir problemas, como as rachaduras nos seios, comuns nas mães de primeiro filho, que provocam muitas dores e sofrimento para elas. A mãe teme não conseguir prosseguir com a amamentação, ficando muito angustiada por isso. Com ajuda externa e paciência para suportar esse período inicial mais angustiante, as dificuldades vão sendo superadas e a amamentação geralmente se converte em uma atividade prazerosa e tranquila.

Algumas mães ficam preocupadas com o fato de estabelecer horários para as mamadas. Porém, a regularização das mamadas ocorrerá aos poucos, espontaneamente, como consequência da percepção da mãe de quando seu bebê quer e necessita mamar. Ela não deve ser imposta de fora, seja pelo pediatra, seja pelos outros familiares. É importante que a mãe se sinta livre para encontrar seu próprio "jeito" de ser mãe, deixando-se levar por suas percepções espontâneas de seu bebê, sua própria intuição, sem ficar presa a regras externas que vão "invadir" sua relação com o filho. A mãe sensível e sintonizada com seu bebê vai percebendo o que ele precisa. É importante também se permitir errar, já que nenhuma mãe é infalível e somente aos poucos ela poderá ganhar mais experiência e confiança.

A ideia de que os bebês necessitam ter horários mais rígidos entre as mamadas parte de uma concepção equivocada sobre as necessidades dos bebês. Considera que eles precisam acostumar-se com as frustrações e aprender a esperar para ter suas necessidades satisfeitas. Como se os bebês precisassem ser "educados" desde muito cedo. Mas essa ideia desconhece o fato de que a mente de um bebezinho não consegue assimilar de um modo mais evoluído as frustrações e os desprazeres. Essa é uma conquista do desenvolvimento que vem com o tempo e com a maturidade.

Um bebê que recebe mais satisfações do que frustrações, mais alegria e prazer do que sofrimento e desprazer, vai podendo sentir o mundo como um "mundo bom", que dá muitas coisas boas para ele. É esse mundo que o bebê vai guardar consigo, em sua mente, mesmo que não se recorde disso depois. Essas sensações vão dando conforto ao bebê e vão desenvolvendo nele sentimentos de confiança e segurança, coisas que serão muito importantes para sua vida futura.

Todos veem a satisfação de um bebê ao mamar. Sua expressão fica relaxada, a tensão em seu corpinho desaparece e ele logo começa a sorrir com os olhinhos fechados enquanto mama. É uma experiência que lhe dá muito prazer, tanto físico como psicológico. Sacia sua fome, acalma-o e é principalmente pela amamentação que ele e a mãe desenvolvem um vínculo muito próximo nessa fase. É esse vínculo bom e gratificante que vai fazer com que o bebê comece muito bem sua vida e seu desenvolvimento.

Esse relacionamento inicial com a mãe forma uma parte importante do mundo emocional de toda pessoa, que vai influenciar muitas de suas relações futuras pela vida. Algumas pessoas que não se sentiram bem gratificadas por meio do vínculo inicial com a mãe podem, por exemplo, viver com uma sensação permanente de insatisfação e mostrar-se, em seus relacionamentos, muito carentes e desejosas de "absorver" os outros com grande ânsia.

A amamentação propicia muitas satisfações ao bebê também por outro motivo. A boca é o foco de suas principais experiências, pois é onde se concentram suas maiores sensações de prazer. Mamar propicia ao bebê o prazer da sucção e esse prazer logo se estende também a outros objetos, independentemente da necessidade alimentar. Por isso os bebês adoram sugar o dedo, os pulsos, a chupeta ou qualquer objeto que sirva para esse fim. A sucção propicia prazer e tranquilidade aos bebês, sendo também uma de suas principais formas de conhecer os objetos do mundo, os quais inevitavelmente passarão pela boca do bebê, assim que ele conseguir pegá-los.

Geralmente a mulher fica muito frustrada diante de uma impossibilidade de amamentar, temendo não ser uma boa mãe em função dessa dificuldade. É sempre importante verificar o estado emocional da mãe quando ela não consegue amamentar, pois fatores psicológicos podem estar interferindo nesse processo natural. Mas quando existe uma impossibilidade não superada, a mãe pode realizar a amamentação por mamadeira de modo igualmente satisfatório. Aconchegando seu bebê no colo ao dar-lhe a mamadeira, olhando para ele, dedicando-lhe sua atenção exclusiva nesses momentos, a mãe consegue estabelecer com o filho um vínculo afetivo gratificante e emocionalmente "nutridor".

Essas condições são fundamentais tanto na amamentação ao seio como por mamadeira. Não devemos esquecer que a importância essencial da amamentação consiste não apenas nos benefícios nutricionais do leite materno, mas fundamentalmente no fornecimento das condições para que mãe e bebê criem uma relação próxima e afetiva, o que vai ser muito importante para o desenvolvimento psicológico da criança.

Choro

O choro é a principal forma de comunicação dos bebês, pois é por meio dele que eles expressam seus estados físicos e psicológicos. Existe sempre um motivo para o choro do bebê, que pode ser muito variado, como fome, calor, frio, sono, cansaço, dores, pode ser que a fralda esteja suja, que a roupa esteja apertada ou que ele esteja assustado com alguma coisa.

Com o tempo, a mãe vai aprendendo a descobrir os motivos do choro de seu bebê, à medida que ela o vai conhecendo melhor. Mas nem sempre isso será possível e haverá muitos momentos nos quais ela se sentirá perdida, sem saber o que fazer diante do choro do filho. Ela experimentará diversas coisas para acalmá-lo, como lhe oferecer o seio, embalá-lo, agasalhá-lo, mas pode ser que em algumas ocasiões nada disso adiante.

A mãe de uma nenenzinha contou que ficava muito aflita nos primeiros tempos após o parto, pois nunca conseguia saber o motivo do choro de sua bebê. Ela tentava tudo para acalmá-la, dando-lhe de mamar, trocando a fralda, embalando-a, e muitas vezes nada adiantava. Mas com o tempo ela foi aprendendo a descobrir as causas dos incômodos da filha. De acordo com o tipo de choro, do horário em que a filha chorava, dos movimentos de seu corpinho e de outros sinais, a mãe sabia, por exemplo, quando ela estava com fome, quando estava suja ou com sono, ou até quando queria arrotar, por ter sido colocada no berço sem ter arrotado. Essa mãe era muito dedicada a sua filha e a observava muito, somando sua sensibilidade com a experiência e a prática que estava obtendo.

Geralmente, as mães se angustiam muito com o choro de seu bebê. Algumas mães chegam a pensar que são "incompetentes" porque não conseguem fazer algo para acalmar o filho. Porém, devemos lembrar que bebês choram, e choram muito! O importante é que a mãe consiga suportar o choro do filho sem se desesperar junto com ele. Se ela percebe que o bebê não está com fome, que está confortável e que não tem dores, o que ela pode fazer é pegá-lo no colo, falar mansamente com ele e tentar distraí-lo com alguma coisa. Geralmente o bebê vai acalmando-se e aos poucos o choro vai cessando.

Algumas vezes a mãe fica em dúvida se deve pegar seu bebê no colo quando ele chora, receando que ele se torne "mal-acostumado". Porém, é preciso lembrar que o bebê muito pequeno ainda não tem condições de assimilar muitas frustrações, de compreender que a mãe já vem e de que seu desconforto vai passar. Para um bebê muito pequeno, seus desprazeres são sentidos de modo mais avassalador e ele não tem ainda uma imagem definida da mãe em sua mente, muito menos da segurança de sua presença.

Por isso, as mães não precisam ficar receosas de "estragar" seu bebê se pegá-lo no colo quando ele chorar. Essa disponibilidade da mãe para tentar acalmar o bebê, para oferecer-lhe carinho, tranquilidade e bem-estar é justamente o que ele precisa nesse início de sua vida.

Cólicas

Um dos motivos do choro dos bebês são as cólicas intestinais. São elas também que causam muitas apreensões nos pais de bebês recém-nascidos. As cólicas causam dores nos bebês e não há muito que fazer para consolá-los. Elas se evidenciam pelo choro forte, acompanhado de movimentos de encolher as perninhas e soltar gases.

Os pais logo aprendem algumas técnicas para ajudar a aliviar as cólicas do bebê, como deitá-lo de bruços, aquecer o abdômen, embalá-lo... O importante é que os pais não se angustiem em demasia com isso, pois sua tranquilidade poderá ajudá-los a acalmar um pouco o bebê.

A mãe de um bebezinho recém-nascido percebeu que ficava muito nervosa quando ele chorava por causa das cólicas. Ela se desesperava e percebia que seu desespero de alguma forma era transmitido a ele, pois quando o pegava no colo ele chorava mais forte ainda. Por sorte, seu marido ficava mais tranquilo nessas ocasiões e então ele começou a ajudá-la. Ele pegava o filho no colo e deitava-o em uma posição de barriga para baixo, colocando sua mão sobre o abdômen do bebê, o que ajudava a aliviar suas dores. A mãe foi percebendo que sua calma seria muito valiosa nesses momentos e, observando o marido, foi aprendendo a lidar melhor com as cólicas de seu bebê, sem se desesperar, o que ajudou muito.

Os pais também podem acalmar-se com as cólicas de seu bebê lembrando que quando eles chegam aos 3 ou 4 meses de vida, elas geralmente desaparecem.

Sono

Os bebês recém-nascidos têm grande necessidade de sono. Eles passam a maior parte do dia dormindo, geralmente nos intervalos entre as mamadas. O sono é uma necessidade fisiológica dos bebês, que precisam de muitas horas de descanso, de preferência em um local relativamente livre de barulhos e de luzes fortes. Os bebês recém-nascidos precisam de um ambiente calmo e tranquilo, semelhante ao ambiente intrauterino, do qual saíram recentemente.

Nessa fase inicial da vida, eles acordam algumas vezes durante a noite para mamar. Alguns já dormem muitas horas seguidas durante a noite, mas essa não é a regra.

O despertar para a vida – Gravidez e primeiro ano de vida

Nesse período inicial, a mãe geralmente se sente bastante cansada, pois seu sono noturno é interrompido diversas vezes para dar de mamar ao filho, ou para trocá-lo, ou simplesmente para acalmá-lo. Por esse motivo, é muito bom quando ela pode dormir um pouco durante o dia, nos intervalos entre as mamadas.

O sono é outra das causas frequentes do choro dos bebês. Muitas vezes eles estão alimentados, limpos e confortáveis, mas continuam chorando. Então a mãe percebe que seu bebê chora porque está com sono e não consegue dormir. Nessa hora, ela precisará ajudá-lo a dormir, pegando-o no colo, embalando-o, falando baixinho com ele, até que por fim ele consiga pegar no sono.

Colocar o bebê para dormir em seu próprio bercinho, desde que nasce, é uma boa maneira de acostumá-lo a isso. Porém, muitas vezes o bebê chora quando colocado no berço e a mãe precisa esperar um pouco para ver se ele para de chorar e dorme. Porém, se ele continuar chorando e seu choro se tornar mais desesperado, a mãe precisará pegá-lo no colo, ver se ele tem fome ou algum desconforto, ou se simplesmente necessita da mãe um pouco com ele ou o embalando para conseguir dormir.

As necessidades dos bebês recém-nascidos

A primeira coisa de que o bebê necessita é a mãe, ou alguém que assuma esse papel em sua vida. Isso não quer dizer que o bebê saiba que existe uma pessoa cuidando dele. Nos primeiros 3 meses de vida ele não tem ainda essa percepção, mas a presença dessa pessoa é fundamental para ele. É ela quem é capaz de cuidar dele do modo que ele necessita.

Nesses primeiros meses de vida, o bebê não tem ainda a noção de si mesmo como uma pessoa completa, tampouco tem essa noção da mãe, ou seja, de alguém cujo rosto, mãos, seios, voz e cheiro pertencem a um indivíduo único. Ele está construindo essa noção aos poucos, e só lá pelos 4 meses de idade, aproximadamente, conseguirá formar uma imagem mais completa da mãe em sua mente.

Por isso, nesses primeiros meses o bebê necessita ter a mãe presente em sua vida: a fim de ir construindo essa imagem dela para si. Assim, ele vai formando em sua mente a imagem de uma mãe amorosa, que lhe vai inspirar confiança, bem-estar, segurança, coisas de que ele precisa para começar muito bem sua vida.

O bebê também precisa da mãe para gratificá-lo em suas mais diversas necessidades. O amor da mãe pelo filho nos primeiros tempos de vida se expressa, principalmente, por meio de todo cuidado com suas necessidades corporais. Amamentando o bebê, abrigando-o no colo, mantendo-o confortável, limpo, cuidando para que ele não sinta muito frio ou calor, para que descanse em sossego, são as formas com que a mãe gratifica seu filho e lhe oferece carinho e calor humano.

Portanto, um bom começo de vida se inicia numa relação mãe-filho gratificante e amorosa. Esse é um vínculo que vai se construindo, no qual a mãe, com sua sensibilidade especial, vai aprendendo aos poucos a conhecer seu bebê, a decifrar suas necessidades, seus pedidos, e vai podendo atendê-los na medida de suas possibilidades. A mãe dedicada e amorosa não é perfeita e não pode adivinhar sempre do que o filho precisa, muito menos impedir sempre que ele tenha sofrimentos e desconfortos. O que ela pode fazer é estar disponível para ele, física e emocionalmente, acolhendo-o em tudo o que ele lhe demonstrar. Os humores do bebê, seu bem-estar e sentimentos de prazer e felicidade, bem como desconfortos, desprazeres e tristezas, serão recebidos e compreendidos por alguém presente e sensível.

À medida que a mãe vai conhecendo seu bebê, ela vai sendo cada vez mais capaz, naturalmente, de fazer uma "leitura" das reações, dos sentimentos e comportamentos de seu filho. Assim ela o ajuda a ir lidando melhor consigo mesmo. Para entender isso, suponhamos a seguinte situação: o bebê se assustou com o barulho alto de um trovão. Ele começa a chorar desesperadamente e não consegue se acalmar, porque é ainda muito pequenininho e não compreende as coisas do mundo, que existem trovões que provocam um barulho muito ruidoso, que eles não vão lhe fazer nada etc. Vendo seu bebê assim assustado, a mãe naturalmente procurará acalmá-lo, embalá-lo, falar mansamente com ele...

Sem perceber, ao fazer isso a mãe está transmitindo ao filho uma condição mental diferente daquela que o está invadindo. Apesar da aflição da mãe ao ver seu bebê assim assustado, ela consegue manter uma relativa tranquilidade, pois compreende que não foi nada, que logo vai passar, que não é o fim do mundo... Esse estado mental da mãe é espontaneamente transmitido ao filho, fazendo com que aos poucos ele se acalme, que seu desespero diminua, pois ele se sente acolhido e amparado, ocorrendo assim uma mudança em seu estado emocional. Essas ações da mãe permitem que o filho vá, lentamente, adquirindo capacidades importantes para sua vida: de pensar, de conviver com angústias e de poder suportá-las.

Uma outra coisa que os bebês recém-nascidos precisam é o estabelecimento de uma rotina em sua vida. Isso não quer dizer que os pais não possam nunca realizar atividades que "quebrem" sua rotina diária. Um dia tem uma festa que os pais resolvem levar o bebê, ou um outro dia vão jantar fora com uns amigos e o bebê acaba dormindo mais tarde do que normalmente... Essas são situações esporádicas, importantes inclusive para os pais, que necessitam manter sua vida social após o nascimento dos filhos.

Mas, de modo geral, manter a constância na vida do bebê, nesses primeiros tempos, é benéfico para ele. Isso porque ele ainda está adaptando-se ao novo mundo fora do útero e sua mente imatura não tem condições de assimilar muitas mudanças e estímulos, que poderiam ser invasivos para ele. Ter a mesma pessoa cuidando dele a maior parte do tempo, manter uma constância relativa de horários, espaços e atividades diárias, ajuda o bebê a não ser perturbado em seu desenvolvimento, a ir adquirindo confiança no ambiente que o cerca. Ajuda-o a ir conhecendo aos poucos o mundo a seu redor e as pessoas mais presentes, com as quais ele vai se vinculando-se intensamente.

O despertar para a vida – Gravidez e primeiro ano de vida

As mães percebem naturalmente que seus bebês precisam disso, tanto que procuram estar presentes para eles o maior tempo possível, procuram evitar grandes alterações na rotina e perturbações por estímulos fortes. As mães sabem quando um som está muito alto para seu bebê, quando a luz está muito forte, quando ele está precisando descansar ou quando deve estimulá-lo... Mãe e bebê formam uma parceria muito unida e "afinada".

O pai e os outros familiares

Apesar de a mãe ser a figura mais importante para o bebê no início de sua vida, o pai também tem um papel fundamental. Sua função na vida do filho é, nesse período inicial, mais indireta, mas nem por isso pouco importante. O apoio que ele fornece à mulher, tanto físico como emocional, é de grande benefício para que ela possa dedicar-se ao bebê com mais tranquilidade e bem-estar.

Dessa forma, o pai ajuda para que o filho possa receber da mãe o que ele precisa para seu desenvolvimento inicial. Esse apoio se expressa tanto pelo auxílio dado à mãe nos cuidados ao bebê, para que ela descanse e não precise encarregar-se de tudo sozinha, como pelo amparo e segurança emocional que ele lhe fornece, principalmente nos momentos em que a mãe se encontra ansiosa, desorientada, ou mesmo um pouco deprimida.

O bebê de 0 a 3 meses

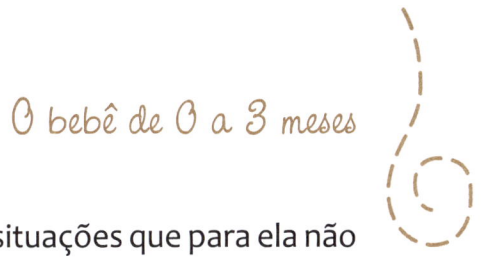

O pai também pode ajudar a mulher a perceber algumas situações que para ela não estejam tão claras, em razão de estar muito "mergulhada" na relação com o filho nesse período inicial. Por exemplo, a mãe de um bebê recém-nascido ficava muito ansiosa com o choro de seu filho e procurava acalmá-lo em todas essas ocasiões dando-lhe o seio, sem perceber que a razão do choro nem sempre era a fome. Em consequência, a mãe começou a dar de mamar a cada 10 ou 15 minutos ao filho e ele logo largava o seio e começava a berrar ainda mais forte.

Observando a situação, o pai mostrou à esposa que talvez não fosse a fome que fazia o bebê chorar e resolveu pegá-lo no colo, levá-lo para passear pela casa, distraí-lo, até que o bebê se acalmou. O pai pôde perceber com mais clareza que o bebê só precisava disso para diminuir sua irritação e tensão, estimuladas, em parte, pelas mamadas constantes e pela ansiedade da mãe. Mas o pai foi capaz de ter essa percepção justamente por estar "do lado de fora", o que pode ser mais difícil para a mãe, que está tão envolvida na situação.

Esses primeiros tempos após o nascimento do filho também alteram bastante a vida do pai, provocando-lhe diversos sentimentos. Ao lado da felicidade e realização pela paternidade, que muitas vezes se expressam em grande contentamento e euforia, muitos pais contam que se sentem ansiosos e até deprimidos. O que passa a lhes incomodar é uma sensação de grande responsabilidade que pesa agora sobre os ombros e o medo de não conseguirem oferecer ao filho tudo o que ele vier a necessitar em sua vida.

O despertar para a vida – Gravidez e primeiro ano de vida

Ansiedades assim geralmente se manifestam por meio das preocupações econômicas, mas podem relacionar-se às inseguranças do pai quanto a seu próprio crescimento e ao fato de ser capaz de assumir plenamente sua função adulta de pai. Assim como acontece com as inseguranças da mãe, as do pai também vão diminuindo com o tempo, conforme ele vai percebendo suas competências na função paterna.

Outro sentimento muito comum vivido por alguns pais, mas que eles nem sempre percebem claramente, refere-se à sensação de ser deixado um pouco "de lado" e excluído da relação íntima que se cria entre mãe e bebê, principalmente quando se trata do primeiro filho. A mulher passa a se dedicar intensamente ao bebê, e o marido, que se sentia muito gratificado por receber atenção e cuidados exclusivos da esposa até então, pode viver a situação com certo ressentimento, tristeza e ciúme.

Por exemplo, o pai de uma neném recém-nascida, primeira filha do casal, começou a ficar muito irritado e impaciente com a esposa, por qualquer motivo. A mulher ficou desnorteada, pois o marido sempre foi gentil e atencioso com ela e justamente quando ela mais precisava dele, como naquele período, ele mudou seu comportamento. Até que a mulher se deu conta, por um comentário do marido de que "agora parecia que ele não existia mais na casa", que ele estava com ciúme da ligação entre ela e a filha. Por trás da atitude impaciente e irritada com a esposa, havia um ressentimento do marido pelo medo de perder seu lugar na vida da esposa.

O ciúme do marido, quando muito intenso, pode gerar um período de dificuldades entre o casal, até que a situação se equilibre novamente. Os conflitos tendem a diminuir quando o marido percebe que a relação entre ele e a esposa, apesar de mudada após o nascimento do filho, continua amorosa e unida. O ciúme do marido pode também ser contrabalançado pela descoberta dos prazeres da paternidade e pela percepção mais madura do próprio lugar na família.

Todas essas experiências, repletas de sentimentos, são bastante proveitosas quando os pais podem percebê-las, pois os ajudam a adquirir maior amadurecimento emocional. Conseguem conhecer-se mais, aceitando os próprios sentimentos e até percebendo de onde podem se originar, tendo em vista a própria história de vida. Usar as experiências que a vida nos concede em nosso próprio benefício e aprimoramento pessoal é sempre um grande desafio para todos nós.

Além do pai, outros familiares são também importantes para a mãe nos períodos iniciais após o nascimento de seu filho. As avós, por exemplo, quando afetivas e amorosas, auxiliam a mãe em suas tarefas, fornecem apoio emocional para ela e a ajudam a se tranquilizar em momentos de estresse e ansiedade. A ajuda que a mãe recebe é muito valiosa, principalmente quando ela se sente mais insegura para cuidar de seu bebê.

Porém, é importante que essa ajuda não impeça a mulher de exercer seu papel materno, não a faça abdicar de seu lugar de mãe, delegando-o a outra pessoa, como à avó do bebê, por exemplo. As inseguranças da mãe podem fazê-la acreditar que ela não é capaz de ser uma boa mãe, levando-a a desistir de enfrentar seus medos. Mas, se ela entregar para outra pessoa as funções de mãe de seu bebê, não se permitirá aprender com a experiência, ganhar confiança em si mesma e acabará sentindo grande frustra-

O despertar para a vida – Gravidez e primeiro ano de vida

ção e sensação de fracasso. A mãe deve saber que ela não precisa ser perfeita e que seus erros não serão capazes de prejudicar seu bebê. Na verdade, ele perderá muito mais pela falta da mãe em seu lugar materno do que pelos erros que ela possa cometer em seus cuidados a ele. Relembrando, é da mãe que o bebê mais necessita para começar bem sua vida.

O bebê de 4 a 12 meses

Registre aqui um momento especial do primeiro ano de vida de seu bebê colando uma foto.

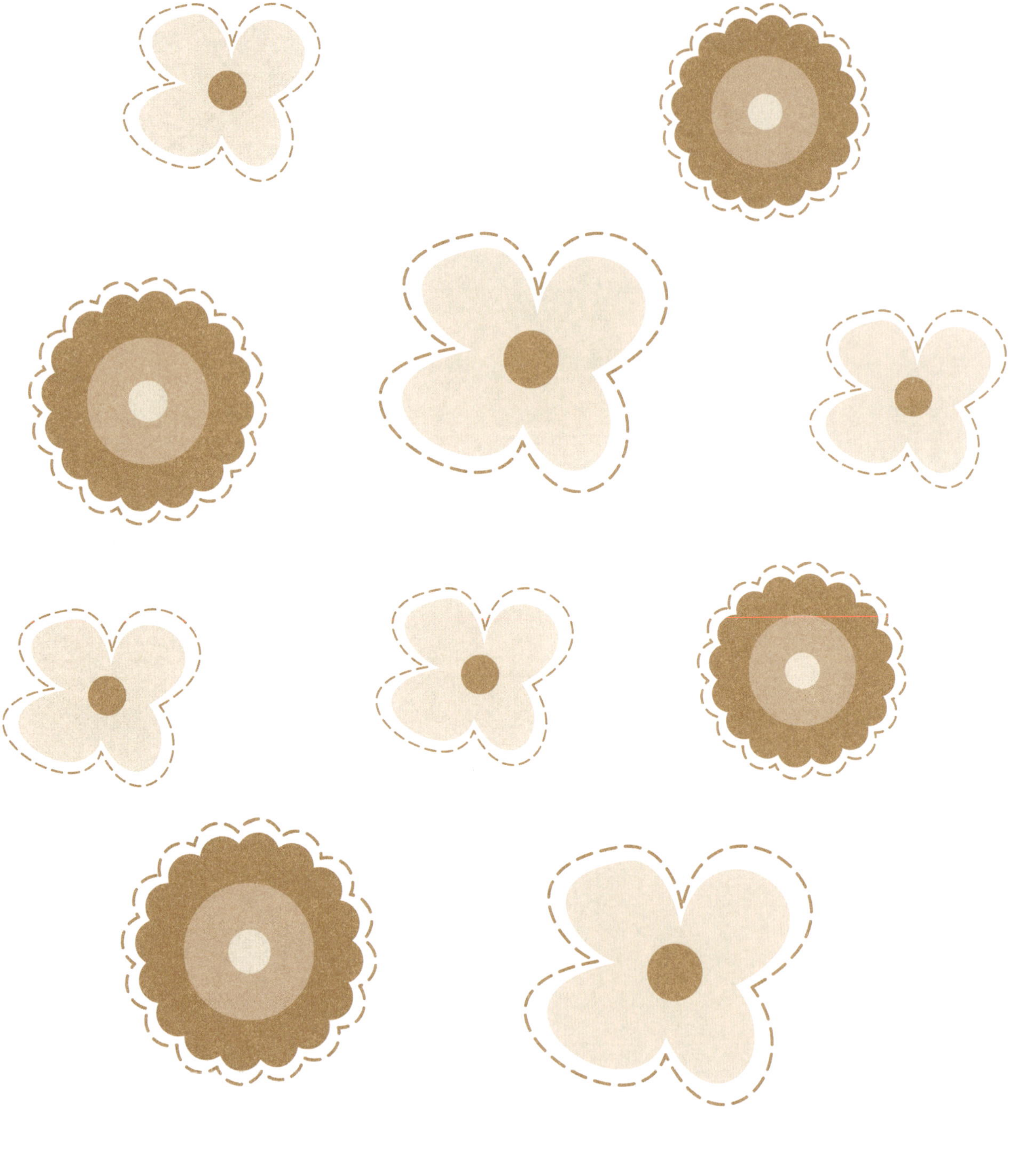

A relação com a mãe

Ao longo do primeiro ano de vida, a relação do bebê com a mãe vai se estreitando e se fortalecendo. Quando o bebê chega aos 4 ou 6 meses, aproximadamente, ele já se torna capaz de perceber sua mãe como uma pessoa "inteira", aquela cujo rosto ele reconhece, assim como seus braços, seu cheiro, sua voz, notando que tudo isso faz parte da mesma pessoa que ele já identifica como MÃE DELE. Ele passa a distinguir bem a mãe das outras pessoas e a demonstrar claramente sua necessidade e dependência em relação a sua própria mãe. Só se sente totalmente tranquilo quando ela está por perto, só se consola em seu colo e começa a ter muito medo de pessoas estranhas. É como se ele pensasse que as pessoas desconhecidas vão "roubá-lo" da mãe.

À medida que o bebê começa a reconhecer a mãe como uma pessoa, passa a ter muito medo de perdê-la. Ele agora revela seu sofrimento pelas separações da mãe e teme que ela não retorne. Fica muito aflito se a mãe desaparece de seu campo visual e a procura por toda parte.

Por isso, os bebês nessa fase adoram as brincadeiras de "esconde-esconde", como aquelas nas quais alguém cobre o rosto com um pano e então retira o pano, fazendo reaparecer o rosto, ou quando alguém se esconde atrás da porta do armário e aparece novamente. Quem ainda não viu as risadas que o bebê dá quando o "desaparecido" reaparece?

Através dessas brincadeiras, o bebê se confronta, na forma de um jogo, com as experiências de desaparecimento e de retorno. Isso lhe dá muito prazer, porque nessa fase

O despertar para a vida — Gravidez e primeiro ano de vida

ele está justamente lidando com suas aflições pelas idas e vindas da mãe, pelas experiências diárias em que a mãe sai e volta, "some" e retorna. Ele está aprendendo a enfrentar seus medos de perder a mãe e a ganhar maior confiança em seu retorno, para poder assim enfrentar, de forma cada vez mais tranquila, as inevitáveis ausências da mãe.

Por isso, o bebê nessa fase vai ganhando mais condições de ficar longe da mãe por um período de algumas horas. Apesar de aflito quando a mãe se ausenta, ele já consegue compreender melhor que a mãe vai, mas ela volta. Várias experiências lhe mostraram isso. Além do mais, todo o contato que o bebê teve com a mãe, desde seu nascimento, ajudaram a criar dentro dele a imagem da mãe. Podemos dizer que o bebê tem a mãe que existe fora dele, mas tem também uma "mãe dentro dele". Com isso, ele já pode sentir-se mais seguro e confiante, podendo enfrentar melhor a ausência da mãe "de fora", pois ele tem a mãe "de dentro", que não desaparece.

Entretanto, nessa fase o bebê ainda não tem as condições necessárias para suportar, sem sofrer em demasia, longas separações da mãe. Situações em que a mãe viaja e fica muitos dias fora, ou férias prolongadas longe da mãe, por exemplo, devem ser, na medida do possível, evitadas até que a criança esteja um pouco mais crescida.

Quando a mãe volta a trabalhar

Um momento difícil para a mãe costuma ser aquele em que ela precisa retomar suas atividades de trabalho fora de casa, o que costuma ocorrer quando o bebê tem

O bebê de 4 a 12 meses

entre 4 e 6 meses. Boa parte das mães na atualidade trabalha muitas horas, e é muito triste e doloroso para elas ter de se separar de seu bebê, após os meses em que passaram juntos e desenvolveram um laço tão estreito.

Além disso, a mãe geralmente se sente muito culpada nesse momento, sofrendo por imaginar que essa separação será muito difícil para seu filho. Ainda mais porque agora o bebê mostra visivelmente o quanto se sente ligado à mãe e chora muito quando ela se ausenta.

Apesar de difícil, tanto a mãe como o bebê terão de enfrentar esse momento, já que a maioria das mães trabalha porque necessita e também porque gosta de seu trabalho e da independência que ele lhe fornece.

Uma das coisas que ajudam no enfrentamento desse momento é a capacidade da mãe de controlar e amenizar seus sentimentos de culpa. Apesar de não poder evitar o sofrimento de seu filho pela separação com ela, a mãe deve saber que ele será capaz de superar essa dor, basta ter paciência nesse momento mais angustiante e não se desesperar diante da situação.

Como já dissemos, o bebê após os quatro meses de idade tem melhores condições de ficar um tempo maior longe da mãe, porque já a incorporou em sua mente. Ele logo será capaz de perceber que a mãe volta todos os dias, desenvolvendo a confiança em seu retorno. Se a mãe tiver condições de retomar seu trabalho aos poucos, voltando nos primeiros dias para ver seu bebê no horário do almoço ou em qualquer outro momento do dia, ela o ajudará a se adaptar aos poucos a sua ausência. Ao mesmo tempo, se puder dedicar-se exclusivamente a seu bebê durante algum tempo ao voltar para casa, antes de se envolver nas tarefas domésticas, será bom para ele. É claro que essas são condições ideais, mas nem sempre viáveis. A mãe sabe que faz o que lhe é possível, pois a situação de cada mulher é muito particular.

O despertar para a vida – Gravidez e primeiro ano de vida

Se o bebê estiver sendo amamentado ao seio na época em que a mãe voltar a trabalhar, seria interessante que a amamentação prosseguisse mais um pouco, nos horários em que a mãe estivesse em casa, geralmente pela manhã e à noite. Dessa forma, o desmame não coincidiria com o retorno da mãe ao trabalho e a separação mãe-bebê não se daria de forma mais radical.

Quando a mãe sente prazer e gratificação com o trabalho que realiza, pode enfrentar e manejar melhor esse momento de separação entre ela e o filho. Ela não se sentirá tão deprimida e angustiada por ter de deixar seu bebê para ir trabalhar; isso a ajuda a não aumentar as angústias do bebê com as suas próprias. A retomada das atividades de trabalho até gera em algumas mães certo alívio, pois nos meses de dedicação exclusiva ao bebê elas podem ter sentido falta de seu trabalho e do papel profissional que exercem.

Uma das decisões difíceis desse momento é com quem deixar o bebê enquanto os pais estiverem trabalhando. Cada família tomará essa resolução de acordo com suas condições reais, que são muito particulares.

Alguns pais optam por deixar o bebê com uma empregada ou uma babá. É sempre importante encontrar uma pessoa de confiança e que tenha alguma experiência para cuidar de bebês. Uma pessoa carinhosa e paciente ajudará muito para que o bebê se adapte rapidamente a ela e se sinta seguro e confiante em sua presença. Ter sempre a mesma pessoa para cuidar do bebê também ajuda para que ele tenha estabilidade em sua vida.

O bebê de 4 a 12 meses

Outros bebês ficam com os avôs enquanto os pais trabalham, o que costuma ser muito interessante para todos. Os pais ficam mais tranquilos de deixar os filhos, sabendo que eles estão em mãos confiáveis, e os bebês podem usufruir do contato com seus "segundos pais", como normalmente os avôs são considerados.

A escolinha ou o berçário é outra opção para os pais deixarem seu bebê enquanto trabalham. Nesses casos, é sempre importante que os pais pesquisem os lugares disponíveis visitando-os e pedindo indicações de amigos e parentes, a fim de encontrarem um ambiente favorável e de confiança para deixarem o filho.

Tendo encontrado uma boa escola, o bebê deve ser ajudado a se acostumar gradualmente a ela, ficando menos tempo nos primeiros dias e aumentando aos poucos sua permanência no local. São cuidados importantes para que o bebê não sinta uma angústia muito forte de perder, de uma hora para outra, as pessoas importantes para ele, em especial a mãe.

Mas mesmo com todos esses cuidados, os bebês costumam apresentar reações a essa separação da família. Essas reações vão desde o choro, que nos primeiros tempos ocorre quase todos os dias, até o desenvolvimento de alguns sintomas físicos, como febres, alergias ou qualquer pequena doença. Muitos bebês tornam-se especialmente "agarrados" à mãe quando estão com ela, como se temessem que ela fosse desaparecer a qualquer momento. São reações esperadas, mas que angustiam os pais por perceberem que seu bebê está sofrendo com a situação.

Esse é um período difícil para todos, pais e bebê, mas transitório. Com o tempo, o bebê se acostuma com a situação, que passa a fazer parte de sua rotina diária. Se os pais conseguem manter um mínimo de tranquilidade para enfrentar esse momento inicial difícil, podem ajudar o filho também a se tranquilizar e superar seus medos naturais e passageiros diante das separações inevitáveis que o crescimento acarreta.

Brincadeiras

Os bebês começam a brincar desde muito cedo e essa é uma parte muito importante da vida infantil, como todos sabemos. As crianças precisam ter muitas oportunidades para brincar, desde pequenininhas, pois isso as ajuda a crescer saudáveis do ponto de vista psicológico e a desenvolver suas aptidões e capacidades.

Desde quando o bebê descobre que consegue emitir sons com a boca, ele já começa a brincar com isso, fazendo barulhos e experimentando sua própria voz. Quando ele começa a mexer nos objetos com suas mãozinhas, passa a brincar com eles, puxando-os, jogando-os ou levando-os à boca. O brincar ajuda o bebê a conhecer a si mesmo e ao mundo. Quando ele manipula os objetos, aprende naturalmente a noção de espaço, as formas, texturas e propriedades dos mesmos, assimilando a realidade e aprendendo sobre as leis que a regem.

Por exemplo, quando o bebê brinca com alguns brinquedinhos enquanto está na banheira, tem a oportunidade de aprender muito. Descobre que um objeto grande não pode ser colocado dentro de um menor, que determinados objetos não afundam na água e outros sim, além de muitas outras coisas. É claro que ele não faz essa aprendizagem "racionalmente", compreendendo tudo com lógica e de forma consciente. Essas experiências vão fazendo com que ele vivencie a realidade das coisas e faça uma aprendizagem espontânea e natural sobre o mundo.

Brincar também ajuda o bebê, desde muito cedo, a expressar seus sentimentos e lidar com eles. Se estiver com raiva ele pode, por exemplo, morder com força alguma coisa ou jogá-la longe, mostrando o que sentiu e testando naturalmente sua raiva e sua vontade de agredir.

Muitos bebês começam já no primeiro ano de vida a ter algum brinquedo que adquire um significado especial para eles. Pode ser um bichinho de pelúcia, uma bonequinha de pano ou qualquer outro. Os pais percebem que o bebê quer levar seu brinquedinho especial para todo lado, quer dormir com ele e não deixa ninguém tirá-lo de perto de si.

Esse brinquedo é mesmo muito importante para o bebê, pois tem um significado psicológico especial para ele. É um brinquedo que o ajuda a enfrentar as inevitáveis separações da mãe, as quais passam a ocorrer cada vez mais ao longo de seu crescimento. Ele não consegue manter a mãe perto dele o tempo todo, mas consegue manter esse brinquedinho, o que alivia o bebê pela impossibilidade real de conservar sua mãe permanentemente a seu lado. Por isso, é importante que os pais entendam essa necessidade de seu bebê e permitam que ele seja o dono absoluto de seu brinquedinho especial.

O despertar para a vida – Gravidez e primeiro ano de vida

Progressos no desenvolvimento físico, motor e intelectual

No primeiro ano de vida, o crescimento da criança é muito veloz. Ela adquire diversas habilidades físicas, motoras e intelectuais em pouco tempo. O desenvolvimento intelectual nos dois primeiros anos de vida realiza-se principalmente através das experimentações sensoriais e motoras da criança. Por isso, é importante que ela tenha a oportunidade de manipular objetos e brinquedos apropriados a sua idade e algum espaço para exercer seus movimentos. Por exemplo, colocar a criança no chão ou em um cercadinho amplo com brinquedos de diversos tamanhos, formas e texturas para ela manusear é uma boa forma de estimulação a seu desenvolvimento físico, motor e intelectual.

Embora não exista uma idade fixa para a criança desenvolver cada capacidade, podemos falar de idades aproximadas, mas sabendo que cada criança é única e se desenvolverá em seu próprio ritmo e de acordo com seu amadurecimento individual. É importante que os pais não se sintam muito ansiosos para que seu filho adquira rapidamente as diversas habilidades naturais do desenvolvimento e procurem sempre aguardar com tranquilidade cada etapa do crescimento do filho. A ansiedade excessiva dos pais pode acabar atrapalhando os processos que devem ser naturais e os passos espontâneos do bebê na direção de seu amadurecimento. Isso pode causar ansiedades também na criança, em vez do prazer e realização que normalmente ela descobre através de suas conquistas.

O bebê de 4 a 12 meses

Os pais de uma criança de quase 1 ano perceberam claramente isso. Eles estavam muito aflitos porque o filho ainda não engatinhava e os filhos dos amigos, da mesma idade, já engatinhavam com grande habilidade. Em função dessa ansiedade, os pais resolveram "treinar" o filho, colocando-o no chão na posição de engatinhar e forçando-o a permanecer nessa posição. Toda vez que a criança se abaixava, os pais a erguiam para colocá-la novamente na posição correta. Como resultado, a criança começou a ficar muito angustiada e a chorar toda vez que os pais insistiam no treino, além de começar a apresentar grande agitação em seu comportamento. Sem perceber, os pais estavam provocando angústias na criança e impedindo que seu desenvolvimento tivesse um curso natural e tranquilo.

A ansiedade dos pais pode ocorrer em razão de eles desejarem certificar-se de que o filho é normal e não tem nenhum problema, ou até mesmo por desejarem que o filho se mostre "acima da média" das outras crianças. É sempre interessante quando os pais conseguem perceber essas inseguranças, que muitas vezes os acompanham ao longo do crescimento do filho.

Não há o que fazer para apressar os passos do crescimento, pois eles dependem da maturação de cada criança. O que pode e deve ser feito é dar as condições para que as habilidades possam se desenvolver. Assim, quando a criança está aproximando-se da fase de engatinhar, pode-se colocá-la livre no chão com alguns brinquedos, tendo um espaço ao redor de si. Ou quando ela está quase pronta para andar, pode-se permitir que ela se apoie sobre os móveis e ensaie seus primeiros passinhos, tendo sempre alguém por perto para evitar que ela se machuque. Dando-se oportunidades de movimento para a criança, ela irá adquirir cada habilidade em seu tempo e ritmo próprios.

O despertar para a vida – Gravidez e primeiro ano de vida

Todas essas conquistas motoras possuem importantes significados psicológicos para a criança. Ser capaz de sentar, engatinhar e, posteriormente, andar são atividades que ampliam seu mundo. Ao sentar-se, sua visão se expande; ao engatinhar e andar, seu espaço de movimento ganha grande amplitude. Além disso, essas novas capacidades oferecem à criança uma autonomia que ela começa a gostar muito de ter. Ela agora pode decidir para onde se dirigir, pode afastar-se e voltar para perto dos pais quando quiser. Ela se sente mais dona de seu próprio corpinho, que até então estava sob o controle dos pais. São conquistas que a ajudam a ganhar o sentimento de ser uma pessoa separada dos outros e a formar sua própria individualidade, a qual irá consolidando-se cada vez mais ao longo de seus primeiros anos de vida.

As idades *aproximadas* das aquisições físicas e motoras da criança de 4 a 12 meses são:

- com 4 *meses* o bebê já tem mais firmeza e consegue sustentar a cabeça erguida por mais tempo e olhar ao redor. Gosta de observar os próprios dedos e brincar com eles, mantendo a mão aberta. Deseja tocar em tudo e tenta aproximar o corpo dos objetos;
- com 7 *meses*, consegue sentar-se sozinho ou apoiado num encosto. Já consegue rolar, segurar objetos e sacudi-los; gosta de colocar os pezinhos na boca;
- com 10 *meses* não quer ficar muito tempo deitado, prefere rolar sobre si mesmo ou sentar-se. Começa a engatinhar e ficar em pé, apoiado. Suas mãos estão

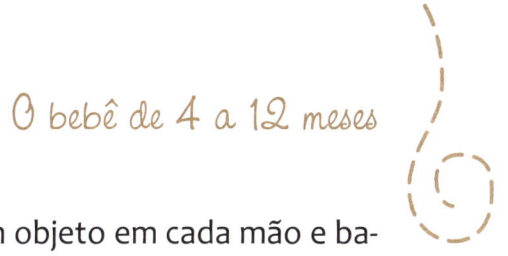

mais ágeis e coordenadas, conseguindo segurar um objeto em cada mão e bater um contra o outro;

- com *12 meses* senta sozinho e fica em pé, embora geralmente ainda não ande. Consegue pegar pequenos alimentos e comê-los. Segura uma colher e tenta usá-la. Segura e joga brinquedos, um a um.

Linguagem

No primeiro ano de vida, a linguagem se inicia com os "balbucios", que são ruídos que o bebê produz com a boca, chegando às primeiras sílabas ou palavras, embora o uso de palavras claras possa começar somente perto dos 2 anos de idade.

Antes de falar, as crianças entendem muitas palavras e os pais não precisam se preocupar se o filho demora um pouco mais para começar a pronunciar suas primeiras palavras. O importante é perceber se a criança escuta bem, o que ela revela, por exemplo, quando se vira ao ouvir a voz dos pais ou quando é chamada.

O maior estímulo que os pais podem dar para o desenvolvimento da linguagem do filho é falar com ele, desde seu nascimento. É assim que os bebês aprendem a língua materna. Todos os pais adoram falar com seus bebês porque percebem o quanto eles reagem às vozes dos pais, antes mesmos de entenderem o sentido das palavras. Desde bem pequenininhos já aprendem a reconhecer a voz dos pais e com poucos meses

O despertar para a vida — Gravidez e primeiro ano de vida

começam a "responder" a seu modo quando os pais falam com eles, murmurando coisas e brincando com os sons que conseguem produzir.

Sem perceber, quando conversam com seu bebezinho, os pais vão "humanizando-o", isto é, introduzindo-o em um mundo onde as palavras são a forma principal de comunicação e onde a linguagem tem o poder de representar os objetos e fenômenos do mundo e as experiências humanas. Ao falarem com seu bebê, os pais o estão estimulando, além de estarem enriquecendo sua vida mental e interagindo com ele, juntamente com toda a interação que é feita pelo contato físico e sensorial.

No desenvolvimento da linguagem podemos falar das idades *aproximadas* em que ocorrem as habilidades linguísticas da criança de 4 a 12 meses:

- com *4 meses* o bebê já possui muitos sons em seu repertório. Chora quando quer manifestar queixa e sorri para mostrar satisfação;
- com *7 meses* "conversa" com a própria imagem refletida no espelho e bate em seu reflexo. Quando chora, diz: m , m, m, como se quisesse chamar;
- com *10 meses* adquire a capacidade da imitação, falando: da-da, ma-ma ou outros sons. Diverte-se com as primeiras mímicas, como dar "tchau";
- com *12 meses* tagarela consigo mesmo e com os outros através de sons, sílabas e palavras simples.

Dentição

A época do aparecimento do primeiro dentinho varia muito, podendo estender-se dos 2 ou 3 meses até 12 ou 14 meses. Primeiro surgem os dentes incisivos, depois os caninos e por fim os molares, levando aproximadamente 18 meses para se completar o processo. Por exemplo, se o primeiro dentinho apareceu com 6 meses, o bebê terá os 20 dentes provavelmente aos 2 anos de idade.

O nascimento de novos dentes é sempre um processo doloroso para o bebê, que pode tornar-se mais "chorão" nesse período, com dificuldades de sono e de alimentação, podendo recusar-se a comer durante algum tempo. Quando os dentes estão rompendo, o bebê pode aliviar seu incômodo mordendo e esfregando as gengivas, sendo que podem ser dados a ele objetos macios próprios para isso.

A mãe também pode angustiar-se um pouco nesse período em que seu bebê se mostra mais agitado, chora muito e se alimenta mal. Porém, é um período passageiro, que exige paciência de todos. Logo o bebê sentirá muito prazer em usar seus dentinhos e descobrirá seu novo poder, o de morder. Quando estiver com raiva, aflito, quando for contrariado ou estiver irritado, poderá expressar seus sentimentos mordendo com bastante força!

O despertar para a vida — Gravidez e primeiro ano de vida

A chupeta e o dedo

Muitos bebês desenvolvem o hábito de chupar o próprio dedo ou a chupeta. Sabemos que isso é normal e esperado, porque a boca é o órgão do corpo que mais concentra as sensações de prazer do bebê durante seu primeiro ano de vida. A sucção oferece, ao lado do prazer, sensações de conforto e tranquilidade aos bebês. É muito comum que, enquanto chupam o dedo ou a chupeta, os bebês alisem o próprio rosto ou o nariz, acariciem o lábio superior, enrolem o cabelo ou segurem um paninho. Eles ficam absorvidos nessa atividade, que lhes dá uma sensação de bem-estar e satisfação. Isso pode ser especialmente necessário para o bebê na hora de dormir ou quando estiver aflito ou assustado, servindo-lhe também como um apoio para enfrentar seus medos e suas aflições.

Os medos de se separar da mãe e de perdê-la também encontram na sucção do dedo ou da chupeta uma forma de alívio. Nos momentos de ausência da mãe, a sucção pode ser um modo que o bebê encontra de proporcionar a si mesmo a satisfação que ele sempre obteve na relação com ela.

As mães não precisam preocupar-se com esse hábito de seus bebês. Não há também porque impedi-los de realizar uma atividade que é tão prazerosa para eles e necessária do ponto de vista psicológico. Com o crescimento, eles abandonarão esse hábito, embora para algumas crianças isso poderá ser mais difícil e doloroso. Mas chegará o momento em que a criança estará madura o suficiente para abandonar o tipo de satisfação e de apoio emocional que a sucção da chupeta ou do dedo lhe oferece nessa fase inicial da vida.

O bebê de 4 a 12 meses

Sono

Conforme vão crescendo, os bebês começam a ficar mais tempo do dia acordados e seu sono da noite se torna mais prolongado. Existem, porém, variações entre os bebês, por isso não é possível estabelecer regras gerais para todos. Alguns bebês demoram mais do que outros para atingir o estágio em que seu sono noturno dure seis ou oito horas seguidas, ou até mais.

Deixar o quarto do bebê no escuro durante as noites ajuda para prolongar seu sono. O bebê se acostuma com os ciclos do dia e da noite e começa a ficar mais tempo acordado durante o dia, o que aumenta o período de sono noturno.

Alguns bebês acordam à noite chorando, em razão de sonhos que podem assustá-los. Nessas horas, eles precisarão da mãe ou do pai para acalmá-los até que possam voltar a dormir.

A nova capacidade que os bebês vão adquirindo nessa fase, de manter em sua mente a imagem da mãe, possibilita que eles consigam esperar um pouco mais por ela. As mães percebem que agora elas já não precisam acudir imediatamente o filho durante a noite, pois ele já consegue esperar algum tempo até que ela apareça.

A mãe de uma menininha de 5 meses percebeu nitidamente essa capacidade recém-adquirida pela filha. Até pouco tempo atrás, ela precisava ir ao encontro da filha assim que ela chorava, caso contrário, a menina "entrava em desespero". Agora, a mãe punha a filha para dormir e quando ela chorava à noite, a mãe lhe falava do quarto:

O despertar para a vida – Gravidez e primeiro ano de vida

— A mamãe está deitada, espere um pouco!

Ou ainda:

— A mamãe vai esquentar sua mamadeira, daqui a pouco eu levo para você!

A mãe contou que a filha parava de chorar quando ouvia sua voz e de fato esperava um pouco por sua presença. É claro que se ela demorasse muito, a filha começava novamente a chorar, mas agora uma mudança havia acontecido. A filha já adquirira alguma confiança na presença da mãe, o que lhe possibilitava esperar por ela. A voz da mãe indicava para a bebê que ela estava por perto, ou seja, a figura da mãe já era representada por sua voz.

Quando a mãe falava com sua bebê, pedindo que esperasse, estava ajudando a filha a consolidar sua nova capacidade e a conseguir esperar um pouco para satisfazer seus desejos. Essa capacidade torna-se um pouco mais desenvolvida no decorrer do primeiro ano de vida do bebê. Se a criança cresce e a mãe continua a atendê-la sempre imediatamente, não a ajuda a se desenvolver e a perceber que as aflições podem ser suportadas. Também não contribui para que a criança encontre "símbolos" para representar a mãe, como, por exemplo, sua voz, seu cheiro, o som de seus passos…

Porém o bebê é ainda muito pequeno para esperar por tempo excessivo pela mãe. As mães sabem o quanto seus bebês podem suportar por uma espera sem perder a confiança na presença da mãe e sem entrar em desespero, evitando que eles fiquem entregues a suas próprias aflições e seus estados de confusão por tempo maior do que sua capacidade de aguardar lhes permite.

O bebê de 4 a 12 meses

O pai

Nos primeiros 3 meses de vida do bebê, o pai tinha um papel mais indireto em sua vida, porém sua presença constante já ajudava para que o bebê começasse a formar uma imagem do pai em sua mente. A partir dos 4 meses, aproximadamente, quando o bebê vai tornando-se capaz de formar uma imagem completa da mãe, o mesmo acontece com relação ao pai. Agora o bebê vai percebendo seu pai como uma pessoa distinta da mãe, e ele ganha um papel mais direto na vida do filho.

O pai passa então a despertar diversos sentimentos no bebê, como afeto, segurança, curiosidade... O bebê começa a conhecer mais e mais seu pai e passa a mostrar o desejo de ter seu colo, seu carinho e atenção. Ele obtém acolhimento e amparo do pai, que o acalma quando ele chora, o embala para dormir, brinca com ele... De forma crescente, o pai se torna para o filho uma figura fundamental, alguém com quem ele vai desenvolvendo uma relação intensa e essencial para seu crescimento psicológico.

Conforme a criança vai crescendo, seu apego ao pai a ajuda a deslocar parte de seus sentimentos em relação à mãe, que são intensos para ele. Isso é importante, pois a criança pode dividir seus afetos com mais uma pessoa, deixando de concentrá-los totalmente na mãe.

Desde que é bem pequeno, o bebê é sensível às relações entre os pais. Logo ele começa a sentir ciúme dos pais quando estão juntos e normalmente o bebê expressa isso, principalmente na hora de dormir. Muitas vezes o bebê reluta para dormir por estar enciumado do vínculo entre os pais e por não querer ficar "de fora" e deixá-los a sós. Pouco a pouco o bebê vai enfrentando seu próprio ciúme dos pais e aprendendo a dividir a mãe com o pai e vice-versa, o que é muito bom para seu desenvolvimento.

O bebê também é sensível ao "clima afetivo" entre os pais. Quando estes brigam muito e mantém uma relação com muitos conflitos, o bebê pode revelar-se mais chorão e aflito, ter mais dificuldade para se alimentar e dormir. Um ambiente familiar mais calmo e harmonioso faz muito bem aos bebês, desde que são bem pequenos.

A hora de desmamar

Com o crescimento da criança, chega o momento de introduzir novos alimentos e realizar o desmame. Isso ocorre aproximadamente entre 6 e 9 meses de idade, mas não podemos falar em regras fixas para todos. Alguns desmames ocorrem bem mais cedo do que isso, outros demoram mais para acontecer. Isso porque cada criança é diferente da outra e também as mães são diferentes entre si. Por exemplo, algumas mães podem encontrar grande prazer na amamentação e o desmame pode ser sentido como uma perda dolorosa, fazendo com que elas procurem adiar ao máximo esse momento. Psicologicamente, a mãe pode sentir-se muito "atada" ao filho, sofrendo pela ideia de precisar cortar esse vínculo com ele. Há bebês que também resistem muito ao desmame. A ligação com a mãe proporcionada pela amamentação pode gerar no bebê uma segurança e uma satisfação que ele reluta em abandonar. Nesses casos, pode ser que o período de amamentação seja mais prolongado.

Já outras mães podem sentir-se aliviadas ao chegar o momento do desmame. Talvez a dependência do filho em relação a ela causava-lhe certo desconforto, ansiando então por libertar-se um pouco do estreito vínculo com ele. Se o bebê aceitar bem a introdução dos novos alimentos, poderá seguir-se um período de relativa calma e tranquilidade para mãe e filho.

O desmame tende a ser mais tranquilo para o bebê quando a amamentação foi satisfatória e gratificante para ele. A experiência prazerosa e feliz que o bebê teve com a amamentação lhe dará as condições psicológicas necessárias para viver essa perda inevitável. Ele já terá incorporado em sua mente uma "boa mãe nutridora", não necessitando mais da amamentação concreta para se sentir confiante e seguro do vínculo com a mãe.

Não pode haver um padrão fixo de quando e como deve ocorrer o desmame. Como tudo o que diz respeito às relações entre a mãe e seu bebê, cada caso e situação são muito particulares. A sensibilidade especial das mães as torna perceptivas sobre o momento de iniciar o desmame. A mãe "sente" que o filho encontra-se pronto para viver essa experiência, e ela também. Ela conseguirá promover um desmame gradual, de acordo com as reações que ela observa no filho. Haverá "altos e baixos", e o filho poderá procurar o seio materno em momentos de maior ansiedade, por exemplo. A mãe saberá atendê-lo nessas ocasiões, retomando depois o caminho já iniciado na direção da finalização da amamentação.

De qualquer modo, sabemos que é necessário que o desmame ocorra e que a amamentação não se prolongue em demasia. Afinal, nada deve durar para sempre, não é mesmo? Chega um momento em que mãe e filho vão enfrentar esse período, mesmo que seja um pouco doloroso para eles.

Talvez seja útil a mãe examinar o que ocorre quando a amamentação se prolonga muito além do primeiro aniversário da criança. Pode ser que a mãe também esteja encontrando dificuldades para realizar o desmame do filho em função de suas próprias angústias e aflições.

Por exemplo, uma mãe percebeu que ainda amamentava o filho de 2 anos por se sentir culpada de trabalhar muito. Era como se ela ainda oferecesse o seio ao filho para compensá-lo por ficar tanto tempo longe dele durante o dia. Já outra mãe não conseguia desmamar o filho porque ela mesma tinha sido amamentada até os 2 anos e meio de idade. Ela pensava que o filho não suportaria a frustração pelo desmame, que era uma ideia que ela criou sobre si mesma quando pequena, já que sua amamentação tinha sido tão prolongada.

Apesar desses sentimentos da mãe serem geralmente inconscientes, é muito bom quando ela consegue percebê-los, em algum momento. Pois assim ela pode refletir sobre suas próprias dificuldades que, sem que ela queira, estão interferindo na possibilidade de deixar seu filho crescer e ficar mais independente dela.

O bebê de 4 a 12 meses

Sabemos que o desmame é necessário para promover o crescimento e o amadurecimento da criança. Ninguém pode crescer eternamente vinculado à mãe. A separação funciona como um catalisador do desenvolvimento, estimulando a criança a buscar outras formas de satisfação, mais evoluídas. Percebe-se que a criança, após o desmame, costuma apresentar uma grande evolução em suas capacidades. Seus interesses se ampliam, assim como suas brincadeiras e realizações.

Com o crescimento, toda criança vai amadurecendo e tornando-se capaz de viver frustrações e beneficiar-se dessas vivências. As frustrações, quando ocorrem nos momentos em que a criança se encontra pronta para enfrentá-las, possibilitam maior conhecimento da realidade e maior adaptação a ela. Preparam a criança para o convívio social, que envolve a aceitação de um mundo que não pode sempre atender a seus desejos e vontades.

Portanto, um desmame gradual e realizado com a sensibilidade própria das mães vai trazer muitos benefícios à criança. Se possível, é sempre útil evitar que ele ocorra em um período tenso na vida da mãe, como quando ela está passando por uma crise pessoal, ou por algum luto, por exemplo. Nesses casos, será interessante prosseguir mais um pouco com a amamentação, até que a mãe se encontre mais equilibrada e segura. O desmame não precisa e não deve ser um processo tenso e angustiante, como se a criança precisasse ser "arrancada" do seio. Deve ser, de preferência, um processo de "comum acordo" entre mãe e filho.

Também seria importante evitar, na medida do possível, que acontecimentos concomitantes acentuassem as aflições do bebê pela separação com a mãe. Por exemplo, colocá-lo no berçário justamente no período que ele está sendo desmamado, como já dissemos. A criança pequena terá de enfrentar, ao mesmo tempo, duas situações de separação da mãe, tornando o momento mais tenso e doloroso para ela. Se possível, esperar mais um pouco até que ela se adapte ao berçário, para então realizar o desmame definitivo, pode ser mais apropriado.

As mães não devem se assustar se seu bebê apresentar algumas reações diferentes nesse período de desmame. Ele pode ficar mais agarrado à mãe, chorar mais quando ela se ausenta e fazer mais uso da chupeta ou sugar mais o polegar do que fazia habitualmente. São reações normais e até esperadas, que tendem a desaparecer, basta ter paciência para que o bebê elabore a perda do seio materno, do "prazer oral" que obtinha através da amamentação, e recupere a confiança na permanência da mãe, apesar do fato de ela não amamentá-lo mais.

Sabemos que o desmame implica em uma separação da mãe e na perda de uma forma de contato com ela. Uma separação necessária e estimulante para o desenvolvimento, mas que inevitavelmente supõe certa dose de dor e sofrimento emocional. É a primeira "dor do crescimento", entre tantas outras que virão depois...